SCRIPTS HYPNOTIQUES

EN HYPNOSE ERICKSONIENNE ET P.N.L.

Partie 2

Constant WINNERMAN

SCRIPTS HYPNOTIQUES

EN HYPNOSE ERICKSONIENNE ET P.N.L.

Partie 2

SCRIPTS HYPNOTIQUES EN HYPNOSE ERICKSONIENNE ET P.N.L. PARTIE 2.

Copyright © 2010 *Winnerman Productions E.U.R.L.*

Tous droits réservés. Toute reproduction, même partielle, du contenu, de la couverture, par quelque procédé que ce soit (électronique, photocopie...) est interdite sans autorisation écrite de *Winnerman Productions E.U.R.L.*

Edition: Books on Demand, 12/14 rond-point des Champs-Elysées, 75008 Paris, France.

Imprimé par: Books on Demand GmbH, Norderstedt, Allemagne.

ISBN: 9782810619771

Dépôt légal: Août 2010.

Je dédie ce livre à tous ceux qui partagent ma grande passion pour l'Hypnose.

Je dédie également cet ouvrage à mon fils, Alexis.

Constant WINNERMAN.

Sommaire

A propos de l'Auteur

L'Auteur   **11**

A propos de ce livre

Avertissement   **13**

Scripts Hypnotiques   **15**

Lâcher-prise   **17**
Anti-Stress   **25**
Le pardon   **31**
Ecriture automatique   **37**
Concentration et mémorisation   **47**

A découvrir…   **55**

Auto-Hypnose : Mode d'emploi   **57**
Formations et stages en Hypnose   **59**

A propos de l'Auteur

Constant WINNERMAN est le fondateur de l'Ecole Française d'Hypnose, au sein de laquelle il a animé de nombreuses formations.

Constant s'est formé à l'Hypnose et à la PNL en 2003.

Depuis 2012, Constant n'exerce plus.

A propos de ce livre

L'auteur tient particulièrement à rappeler au lecteur, ou à l'informer, que la pratique de l'Hypnose dans le cadre de la relation d'aide est une approche « **Utilisationnelle** »; entendez par là « qui utilise ce que le sujet et l'environnement présentent ». En conséquence, une séance d'Hypnose est unique, différente de toutes les autres, et n'est donc pas reproductible à l'identique. La séance se construit sur l'instant en fonction des réactions « calibrées » (c'est-à-dire recueillies, le plus souvent aux niveaux Visuel et Auditif) chez le sujet par le Praticien. Par conséquent, il n'est pas concevable qu'une séance d'Hypnose soit totalement préparée à l'avance, et dans l'idéal, les Scripts Hypnotiques exposés dans ce livre constitueront seulement pour le lecteur une source d'inspiration et des bases de travail pour sa pratique.

Cet ouvrage est prioritairement destiné aux personnes pratiquant déjà l'Hypnose et/ou la P.N.L.

SCRIPTS HYPNOTIQUES

EN HYPNOSE ERICKSONIENNE ET P.N.L.

Partie 2

A noter: Dans les Scripts Hypnotiques qui suivent, les mots en lettres majuscules sont saupoudrés* et les fautes d'orthographe sont volontaires.

* Le *Saupoudrage* est une technique de communication subliminale, consistant à « marquer », à « appuyer » certains mots d'une phrase, qui mis bout à bout, forment des suggestions destinées à l'Inconscient du sujet.

Pour parvenir à un résultat satisfaisant, vous devrez prendre le temps de vous entrainer à pratiquer.

Le *Saupoudrage* peut être :

- Visuel : En associant les mots saupoudrés à un geste.

- Auditif : En prononçant les mots saupoudrés de façon légèrement différente des autres mots de la phrase, et en plaçant un bref silence avant et après (représenté dans cet ouvrage par trois pointillés « ... »). Certains verbes à l'infinitif sont conjugués dans leur prononciation.

- Kinesthésique : En touchant physiquement la personne à chaque mot saupoudré (certains le font spontanément !).

Lâcher-prise

Chacun de nous, à des degrés différents, apprécie le fait d'avoir le contrôle sur les choses, qu'il s'agisse des évènements de notre Vie personnelle ou professionnelle, des autres, de nos émotions... Cependant, lorsque nous constatons que certaines situations ne se réalisent pas tel que nous le voudrions et qu'elles sont hors de notre contrôle, il est alors possible que nous nous sentions stressés, angoissés: c'est là qu'intervient le lâcher-prise.

Lâcher-prise est un acte de confiance et d'acceptation de nos limites, des autres avec leurs différences, et d'un état de fait (« pour l'instant, les choses sont ainsi »). Lâcher-prise, c'est prendre de la hauteur, de la distance, du recul, et c'est aussi « déposer les armes ». Lâcher-prise ne signifie pas renoncer à ses objectifs. Penser de façon incessante et acharnée à un problème est souvent inefficace et ne le résout pas forcément. A l'inverse, s'en détacher provisoirement, donc lâcher-prise, peut permettre à notre Inconscient de faire émerger des solutions.

Cette séance d'Hypnose va vous apprendre à lâcher-prise, à prendre de la hauteur par rapport aux contrariétés que vous rencontrez peut-être dans votre Vie.

Installez-vous confortablement, assis ou allongé, et nous allons pouvoir commencer ensemble cette séance d'Hypnose.

Vous êtes à présent installé et disponible. Très bien.

Durant cette séance, vous gardez et vous garderez votre libre-arbitre; cela signifie que vous pouvez garder seulement les suggestions qui vous conviennent et laisser les autres de côté. L'essentiel est que vous... SOYEZ BIEN...

Alors que vous avez encore les yeux ouverts, peut-être que vous pouvez regarder d'une manière vague, devant vous et autour de vous, les différents objets qui vous entourent, les formes, et peut-être que vous pouvez entendre différents sons, et... RESSENTIR... le... POIDS... du... CORPS... sur le support sur lequel il commence à se... REPOSEZ... et à se... RELACHEZ...

Et tout en continuant à regarder devant vous de cette manière vague, peut-être que vous pouvez laisser cet état de... DETENTE... et d'...HARMONIE... s'... INSTALLEZ... en vous, ... TRANQUILLEMENT...

Peut-être même que vous pouvez laisser tous les muscles du... CORPS... se... RELACHEZ..., et peut-être même... AVOIR ENVIE... de... FERMEZ LES YEUX... pour... FAIRE L'EXERCICE..., de... FERMEZ CES YEUX... pour... PENETREZ... dans votre monde... INTERIEUR...

Laissez-vous aller,... LAISSEZ-ALLER...

Alors que les... PAUPIERES... se sont... FERMEZ..., votre Inconscient s'apprête à... FAIRE... un nouvel... APPRENTISSAGE... lorsque ces... PAUPIERES... seront... FERMEZ... (Confusion du Conscient du sujet: les paupières étant déjà fermées). ... DETENDEZ-VOUS...

... DETENDEZ-VOUS...

Et même si vous ne comprenez pas tout ce que je vous dis, cela n'a pas d'importance car la partie Inconsciente de... VOTRE ESPRIT... peut... COMPRENDS...(-dre) à sa façon.

... DETENDEZ-VOUS...

... DETENDEZ-VOUS...

... APPROFONDIS...(-ssons) cet état et faisons ensemble deux respirations:

En gonflant le ventre à l'... INSPIRATION...

Et en... RELACHE...(-ant) le ventre quand vous soufflez.

Première respiration...

L'Hypnothérapeute inspire puis souffle en même temps que le sujet.

Seconde respiration...

(Idem).

Et tandis que je vous parle et que vous m'écoutez, peut-être que vous pouvez... DECIDEZ... par vous-même de vous... LAISSEZ-ALLER... davantage, davantage, encore... PLUS PROFONDEMENT...

Et ma voix vous accompagne, en toute sécurité, et vous pouvez... DECIDEZ... de... FAIRE CONFIANCE... à... MA VOIX...

Je vous suggère de laisser se... DEVELOPPEZ... un... COURANT... de... DETENTE...

De... LAISSEZ... ce... COURANT... de... DETENTE... se... DEVELOPPEZ...

Partir du sommet du crane,... DESCENDS...(-dre) et se... REPANDS...(-dre)... LEN-TE-MENT... dans le... CORPS... tout entier, jusqu'au bout des pieds.

Allez-y.

... DETENDEZ-VOUS...

Peut-être que vous pouvez laisser... ENTREZ EN VOUS... cette... SERENITE..., cette... PAIX...

Et peut-être que cette... DETENTE... peut se... REPAND...(-dre) dans le... VISAGE... tout entier.

... DETENDEZ-VOUS...

Permettez à ce... COURANT... de... DETENTE... de... DESCENDS...(-dre) encore et... PLUS PROFONDEMENT... dans toutes les parties du... CORPS...

... DETENDEZ-VOUS...

Le corps se... RELACHE..., se... RELAXE...

... DETENDEZ-VOUS...

... DETENTE PROFONDE...

Le... COURANT... de... DETENTE... DESCENDS... jusqu'au bout des pieds, et peut-être que vous pouvez l'... IMAGINEZ... et le... SENTIR... DESCENDRE...

Le... COURANT... de... DETENTE... s'... IMPREGNE... et se... PROPAGE... dans le corps tout entier.

... DETENDEZ-VOUS...

... RELACHEZ TOUT...

Peut-être que vous pouvez vous... LAISSEZ-ALLER... à vous... ENFONCEZ... encore plus et... DAVANTAGE... dans cet état.

Et peut-être que vous pouvez commencer à vous...IMAGINEZ... dans un endroit... PLAISANT..., un lieu... CALME... et... AGREABLE...

Alors que je vais me taire un moment, faites-comme si... VOUS Y ETES...(-tiez); ... VOYEZ... tout ce qu'il y a à... VOIR..., peut-être des couleurs, des formes, des détails du décor, ... ENTENDEZ... tout ce qu'il y a à... ENTENDRE..., des sons, des bruits, ... RESSENTEZ... tout ce qu'il a à... RESSENTIR..., tout le... BIEN-ETRE... et le... CONFORT... de ce lieu... AGREABLE...

Je vais me taire un moment, et lorsque vous réentendrez ma voix, vous serez... PROFONDEMENT CALME... et... DETENDU...

[Pause]

... DETENDEZ-VOUS...

... DETENDEZ-VOUS...

J'aimerais que vous repensiez, une dernière fois, à la situation, ou à une situation, qui ne va pas actuellement dans votre Vie.

J'aimerais à présent que vous pensiez à... PRENDRE DE LA HAUTEUR... vis-à-vis de cette situation, à la... VOIR... sous... UN ANGLE DIFFERENT...

La Vie est comme... VOUS DECIDEZ DE...

... PRENDRE DE LA HAUTEUR...

Vous... ELEVEZ... -Vous... ELEVEZ... par rapport à cette situation.

Et plus vous... INSPIREZ..., et plus vous... PRENEZ DE LA HAUTEUR..., vous... PRENEZ DE LA HAUTEUR...

Alors peut-être que vous pouvez... CONTINUEZ... à... INSPIREZ PROFONDEMENT... pour vous... ELEVEZ DAVANTAGE..., et pour que tout ce que... VOUS APPRENEZ..., puisse apporter une... NOUVELLE DIRECTION..., ... UN NOUVEAU SENS... à votre Vie.

Et peut-être que cette... SITUATION... peut devenir... TOUTE PETITE...

... RETRECIR...

... REDUIRE...

Peut-être que les sons de cette situation peuvent devenir... FAIBLES... et... PLUS LOINTAINS... et que vous pouvez... BAISSEZ LE VOLUME...

Et peut-être même aussi que vous êtes désormais... LIBEREZ..., ... DETACHEZ..., ... BIEN DETENDU...

Vous... FAITES CONFIANCE... aux autres, au Monde qui vous entoure et à la Vie. Et vous... LAISSEZ... les choses se... FAIRE...

Je répète:

Vous… FAITES CONFIANCE… aux autres, au Monde qui vous entoure et à la Vie. Et vous… LAISSEZ… les choses se… FAIRE…

A partir de maintenant, quels que soient les évènements de votre Vie, quoi qu'il arrive, vous êtes… DETACHEZ…, vous… PRENEZ DE LA HAUTEUR…, vous… REGARDEZ… tout cela… D'EN HAUT.

Je répète:

A partir de maintenant, quels que soient les évènements de votre Vie, quoi qu'il arrive, vous êtes… DETACHEZ…, vous… PRENEZ DE LA HAUTEUR…, vous… REGARDEZ… tout cela… D'EN HAUT.

Je vais compter jusqu'à 5, et au chiffre 5, vous pourrez faire ce que je vous suggèrerai de faire, et à votre propre rythme.

1. Inspirez profondément. Soufflez.

2. Sentez votre corps. Peut-être que vous pouvez bouger, vous étirer.

3. Inspirez profondément. Soufflez. Inspirez profondément. Soufflez.

4. Sentez le contact entre votre corps et son support. Apprêtez-vous à revenir ici et maintenant.

5. A partir de maintenant, vous pouvez ouvrir vos yeux. Revenez ici et maintenant !

Bonjour !

Anti-Stress

Cette séance d'Hypnose va vous aider à réduire et à gérer le stress en acquérant la capacité à vous relaxer et à vous détendre profondément. En 50 points (Induction par décompte de 50 à 0), vous allez descendre progressivement dans un état Hypnotique profond, agréable, et propice à l'intégration optimale des Suggestions Post-Hypnotiques qui vous seront énoncées.

Je vous propose que nous commencions cette séance.

Au cours de cette séance, si l'une de mes suggestions ne vous correspond pas, vous pouvez la laisser de côté et juste... GARDEZ... ce qui est... BON POUR VOUS... Vous... CONSERVEZ... votre... LIBRE-ARBITRE... à tout moment. Vous avez également la possibilité de bouger, de changer de position pour... DAVANTAGE... de... CONFORT...

Tout en écoutant le son de ma voix, peut-être que vous pouvez laisser le regard parcourir la pièce et... FIXEZ QUELQUE CHOSE..., en hauteur, au plafond par exemple.

Peut-être que vous avez trouvé l'objet que vous... COMMENCEZ... à... FIXEZ...

Très bien.

Peut-être que vous pouvez laisser la tête s'incliner et permettre aux yeux de regarder en haut, en direction de cet objet.

Et peut-être que vous pouvez continuer à le regarder, prendre note de chaque détail de son aspect, vous intéresser à sa(ses) couleur(s), à sa forme.

Continuez, comme ça.

Très bien.

Alors que vous continuez à fixer l'objet au dessus de vous, une ou plusieurs parties du corps peuvent... COMMENCEZ... à se... DETENDRE..., à se... RELAXEZ..., et vous pouvez être curieux de savoir de quelle(s) partie(s) je veux parler.

... DETENDEZ-VOUS...

Je vais compter de 50 à 0, et lorsque je prononcerai le chiffre 0, vous serez... PROFONDEMENT DETENDU..., totalement... RELAXEZ..., vous serez complètement... LIBEREZ... de toute tension ou stress, et les... SUGGESTIONS... Hypnotiques que j'énoncerai s'... INTEGRENT...(-ront) au... PLUS PROFOND... de vous-même.

Je commence à compter.

50. Peut-être que vous pouvez permettre aux... PAUPIERES... de se... FERMEZ... Allez-y.

49. Les... PAUPIERES... sont... FERMEZ... et le... CORPS... se... RELACHE...

48. Peut-être que vous pouvez vous... CONCENTREZ... sur la... RESPIRATION...; prenez

une... PROFONDE... inspiration et gardez-la un moment.

47. ... SOUFFLEZ... et... IMAGINEZ..., ... RESSENTEZ... comme vous vous... LIBEREZ... déjà des tensions, de tout ce stress inutile.

46. Recommencez: ... INSPIREZ PROFONDEMENT... avec la bouche, bloquez la respiration un moment, et... SOUFFLEZ..., ... SOUFFLEZ COMPLETEMENT... pour vous... LIBEREZ TOTALEMENT...

45. Continuez cet exercice à votre propre rythme. Les tensions quittent le... CORPS... et vous vous... SENTEZ... de plus en... PLUS DETENDU...

44. A chaque décompte, vous êtes vraiment de plus en... PLUS DETENDU...

43. ... DETENDEZ-VOUS..., ... DETENDEZ-VOUS...

42. Et chaque nombre décroissant va... VOUS AIDEZ...

41. A... ALLEZ... plus... PROFONDEMENT... en transe hypnotique.

40. Et vous pouvez vous... LAISSEZ-ALLER...; et vous pouvez... DECIDEZ... de... FAIRE CONFIANCE... à... MA VOIX..., car elle vous accompagne respectueusement, avec neutralité et bienveillance.

39. Vous vous... LAISSEZ-ALLER..., encore, ... DAVANTAGE..., ... PROFONDEMENT..., encore... PLUS PROFONDEMENT...

38. Vous... GLISSEZ TOTALEMENT... et... COMPLETEMENT... dans ce... MERVEILLEUX... état de... DETENTE...

37. ... DETENDEZ-VOUS..., ... RELACHEZ-TOUT...

36. Et votre esprit... INTERIEUR..., votre esprit... INCONSCIENT..., va... APPRENDRE... à se... DETENDRE...

35. Et le...CORPS... se... DETENDS...

34. Et tout les... MUSCLES... se... DETENDS...(-dent).

33. Et vous pouvez... RESSENTIR... comme c'est... PLAISANT... et... AGREABLE...

32. Le... CORPS... tout entier se... DETENDS... et se... RELACHE...

31. ... COMPLETEMENT..., ... TOTALEMENT...

30. Alors que les chiffres diminuent et que la respiration ralentit, cette... DETENTE... devient encore... PLUS PROFONDE...

29. Et peut-être que vous pouvez... IMAGINEZ... et... RESSENTIR... un... RAYON DE SOLEIL... qui... ENTRE..., qui... PENETRE... dans le corps.

28. Le... RAYON DE SOLEIL... peut se... REPANDS...(-dre) dans toutes les parties du corps.

27. Dans... LA TETE...

26. ... LE DOS...

25. ... LES EPAULES...

24. Et peut-être que ce... RAYON DE SOLEIL... peut... CONTINUEZ... à... DESCENDRE..., à... DESCENDRE... le long du corps.

23. Dans... LES BRAS...

22. ... LES AVANT-BRAS...

21. ... LES MAINS...

20. Et peut-être même que ce... RAYON DE SOLEIL... peut... PROPAGEZ... la... CHALEUR... dans le... CORPS... tout entier. La... CHALEUR... dans le... CORPS... tout entier.

19. Dans... LES CUISSES...

18. Dans... LES JAMBES...

17. Dans... LES PIEDS...

16. Vous êtes... TELLEMENT DETENDU...

15. La respiration est... CALME..., ... LENTE..., ... REGULIERE...

14. ... TELLEMENT DETENDU...

13. Je me... SENS CALME...

12. Je me... SENS DETENDU...

11. Je suis... PROFONDEMENT DETENDU...

10. Votre... ESPRIT INTERIEUR... est... DISPONIBLE... pour... RECEVOIR... et... INTEGREZ... en... PROFONDEUR... les... SUGGESTIONS POSITIVES... et... BENEFIQUES... que je vais énoncer.

9. A partir de maintenant, quelque soient le moment ou le lieu où vous vous trouvez, quelque soient les

évènements de votre Vie ... VOUS ETES DETENDU...
Vous... VOUS CONTROLEZ... Vous êtes... CALME...

8. Je répète:

7. A partir de maintenant, quelque soient le moment ou le lieu où vous vous trouvez, quelque soient les évènements de votre Vie ... VOUS ETES DETENDU... Vous... VOUS CONTROLEZ... Vous êtes... CALME...

6. ... DETENDEZ-VOUS...

5. Et à chaque fois que cela sera nécessaire, l'... IMAGE... ou la... SENSATION... des... RAYONS DU SOLEIL..., de cette... CHALEUR..., de ce... BIEN-ETRE..., ... APPARAIT...(-tra) et s'... INSTALLE...(-lera)... EN VOUS..., à l'... INTERIEUR... de vous-même, ... SPONTANEMENT..., ... NATURELLEMENT...

4. Apprêtez-vous à... REVENIR ICI ET MAINTENANT...

3. ... INSPIREZ PROFONDEMENT..., ... SOUFFLEZ... Très bien. ... INSPIREZ PROFONDEMENT..., ... SOUFFLEZ...

2. Peut-être que vous pouvez... BOUGEZ... les différentes parties de... VOTRE CORPS...

Lorsque je prononcerai le dernier chiffre, tout l'... ENSEIGNEMENT... apporté par la séance d'aujourd'hui sera... INTEGREZ... et vous émergerez de l'Hypnose, ... RAFRAICHI... et... ALERTE..., prêt à... CONTINUEZ... vos occupations de façon... ENERGETIQUE...

1. Inspirez... PROFONDEMENT... Et: Vous pouvez... OUVRIR VOS YEUX... Revenez Ici et Maintenant !

Le pardon

« Celui qui ne peut pardonner aux autres se coupe des ponts qu'il devra traverser, car tout homme éprouve le besoin de se faire pardonner. » Thomas Fuller.

« Si nous voulons nous pardonner les uns aux autres, commençons d'abord par nous comprendre les uns les autres. » Emma Goldman.

Afin de… PROFITEZ AU MIEUX… de cette séance, peut-être pouvez-vous vous asseoir dans un fauteuil ou vous allonger dans votre lit ?

Et peut-être que vous pouvez… COMMENCEZ… à prendre une position… CONFORTABLE…, … PLAISANTE… et… AGREABLE…

Installez-vous… CONFORTABLEMENT…

Commencez à… VOUS DETENDRE…, à… VOUS RELAXEZ… Très bien.

Je tiens à vous rappeler, ou à vous informer, que durant cette séance, si vous en… RESSENTEZ… le besoin, à tout moment, vous pouvez bouger, changer de position pour davantage de… CONFORT…, et plus généralement faire ce que vous avez envie de faire, car ce qui est important, c'est que vous… SOYEZ BIEN…

Vous savez, vous n'avez pas… BESOIN… d'… ETRE… VRAIMENT DETENDU… et… RELAXEZ… pour… PROFITEZ… de cette séance.

Peut-être que vous pouvez juste vous… LAISSEZ-ALLER…

… LAISSEZ-ALLER… votre esprit, souvent occupé par toutes ces choses, ces pensées, ces idées…

… LAISSEZ-ALLER… le… CORPS…, les différentes parties du… CORPS…

… Tout peut se… DETENDRE…, se… RELAXEZ…, se… RELACHEZ…

… RESSENTEZ…-vous cette… DETENTE… ?

… Avez-vous… FERMEZ LES YEUX… ? Peut-être, ou peut-être pas encore.

Si vous n'avez pas encore… FERMEZ LES YEUX…, alors peut-être que vous pouvez… LAISSEZ CES PAUPIERES… se… FERMEZ…, un moment, le temps de… L'HYPNOSE… qui… COMMENCE…

Et ces… PAUPIERES… qui… SE FERMENT…

Derrière les… YEUX FERMEZ…, on ne peut pas voir en dehors, juste… L'IMAGINEZ…

… IMAGINEZ…, par exemple, la pièce.

… VISUALISEZ… les meubles, les couleurs…

Je vais me taire un moment, pour vous permettre d'… IMAGINEZ… cette pièce, et pendant ce temps, le…

CORPS… va se… RELAXEZ…, se… RELACHEZ… et se… DETENDRE COMPLETEMENT…

Quand vous réentendrez ma voix, vous serez… BEAUCOUP PLUS DETENDU…

[Pause]

… DETENDEZ-VOUS…

Avez-vous… REMARQUEZ… la… RESPIRATION… ?

… RESSENTEZ…-vous le… GRAND CALME… ?

Chaque… INSPIRATION…, et chaque… RELACHEMENT…

… RESSENTEZ…-vous ?

Alors que vous… CONTINUEZ… à… ECOUTEZ MA VOIX… et à… RESPIREZ TRANQUILLEMENT…, … RELACHEZ… un peu… TOUT…, laissez votre… ESPRIT PARTIR…, … PARTIR…, … PARTIR…

[Pause]

… DETENTE…

… DETENTE PROFONDE…

Juste la… DETENTE…

Juste se… DETENDRE…

Juste… ETRE BIEN…

Comme c'est… AGREABLE… d'… ETRE BIEN…

D'... ETRE... dans un moment à... SOI..., d'avoir l'... IMPRESSION..., la... SENSATION... d'...ETRE... dans ce moment à... SOI..., ce moment où l'on n'a que ça à faire, en fait, où l'on n'a rien à faire, où l'on n'a que ça à faire de ne rien faire...

Juste se... LAISSEZ-PORTER...

Se... LAISSEZ-ALLER...

Comme un... REVES...

... UN REVE...

[Pause]

Vous avez... DECIDEZ... de... PARDONNEZ... Très bien.

Vous avez... DECIDEZ... de... PARDONNEZ... pour vous... SENTIR... plus... LEGER..., plus... CALME..., pour être plus... EN PHASE AVEC VOUS-MEME..., pour... VOUS LIBEREZ...

Je vous propose de... VISUALISEZ..., pour la dernière fois, la situation d'origine où le conflit a commencé. Si vous ne vous en souvenez pas, alors... PENSEZ SIMPLEMENT... à cette personne. Positionnez-la en face de vous, à la distance de votre choix.

[Pause]

Est-ce que c'est fait ?

J'... IMAGINES... que oui.

Alors peut-être que vous pouvez... IMAGINEZ... un cordon, un fil ou tout autre lien qui vous relie encore à cette personne.

Quand je vous le dirai, vous prendrez une... GRANDE... et... PROFONDE INSPIRATION..., vous bloquerez la... RESPIRATION... quelques instants, puis vous... COUPE...(-rez) LE LIEN...

Vous êtes prêt. Vous allez... PARDONNEZ...

... VISUALISEZ LE LIEN...

... INSPIREZ PROFONDEMENT...

Bloquez la... RESPIRATION...

... COUPEZ LE LIEN... et... SOUFFLEZ...

... SOUFFLEZ COMPLETEMENT..., ... SOUFFLEZ LONGUEMENT...

C'est le moment de... PARDONNEZ...

Car vous savez que chaque individu, que chaque être Humain, est... PERFECTIBLE..., ... FAILLIBLE...

... PARDONNEZ...

... ENVOYEZ... vos... MEILLEURES PENSEES... à cette personne, et peut-être que vous pouvez l'... IMAGINEZ... s'... ELOIGNEZ..., s'... ELOIGNEZ... de plus en plus, au fur et à mesure que vous lui... ENVOYEZ... plein de... BELLES... et... BONNES PENSEES...

Très bien. Vous êtes... LIBEREZ..., et vous... GRANDISSEZ..., vous... EVOLUEZ... Félicitations.

A présent, vous pouvez... TRANQUILLEMENT... prendre le chemin du retour.

Et je vais vous accompagner en comptant jusqu'à 5.

1. Vous êtes... LIBEREZ..., ... CALME... et... DETENDU...

2. ... INSPIREZ PROFONDEMENT..., ... SOUFFLEZ COMPLETEMENT...

3. Continuez à faire quelques... RESPIRATIONS PROFONDES...

4. ... RESSENTEZ... votre... CORPS...

5. Vous pouvez maintenant... RETROUVEZ LA PIECE..., vous... REASSOCIEZ... à... LA VIE... A votre rythme, revenez Ici et Maintenant.

Bonjour !

Ecriture automatique

Dans l'univers de l'Hypnose, l'écriture automatique est une technique consistant à permettre à votre Inconscient de s'exprimer par l'écrit.

L'état hypnotique favorise l'accès à des ressources (souvenirs enfouis, connaissances, capacités créatrices…) situées dans votre Inconscient, et c'est cette « matière Inconsciente » qui va « ressortir » par l'écrit.

L'écriture automatique est souvent maladroite et illisible chez les personnes inexpérimentées. Cette pratique nécessitant un entrainement, peut-être sera-t-il nécessaire que vous réécoutiez plusieurs fois cette séance afin de parvenir à un résultat satisfaisant.

Cette séance d'Hypnose se déroule de la façon suivante:

Dans un premier temps, la personne s'installe dans un fauteuil confortable, devant une table sur laquelle repose une feuille de papier. Elle tient un stylo dans la main avec laquelle elle écrit habituellement et la mine du stylo est en contact avec la feuille de papier. Alors débute la phase d'induction de l'état hypnotique, la personne entrant progressivement en Etat Modifié de Conscience (c'est-à-dire « sous Hypnose »).

Dans un second temps, une fois l'état hypnotique installé chez la personne, la voix de l'Hypnothérapeute lui suggère que son Inconscient va maintenant lui transmettre, par écrit, des informations qu'elle a besoin de savoir. La main commence alors à écrire « toute seule », de façon automatique, la personne a cette impression ou cette sensation curieuse que ce n'est pas elle qui écrit, et ne sait pas ce qui est en train de s'écrire.

Une fois la séance d'Hypnose terminée, la personne rouvre ses yeux et prend connaissance du document placé devant elle.

Je vous propose que nous commencions cette séance.

Peut-être que vous pouvez... FERMEZ LES YEUX...

Allez-y. Très bien.

Durant cette séance et à tout moment, si l'un de mes propos ne vous convient pas, vous pouvez le laisser de côté et seulement porter votre attention sur ce qui vous plait et qui est agréable pour vous, car le plus important est que vous... SOYEZ BIEN...

Alors que les... PAUPIERES... sont... BIEN FERMEZ..., ... DETENDEZ-VOUS...

Peut-être que vous pouvez imaginer que tous les groupes musculaires du... CORPS... se... RELACHE...

Prenez une grande et... PROFONDE... inspiration. Très bien.

Soufflez.

Et prenez une autre inspiration.

Soufflez.

A chaque fois que vous... RESPIREZ..., peut-être que vous pouvez imaginer que le souffle qui sort de la cage thoracique irradie la... RELAXATION... dans toutes les parties du corps; et par conséquent, ... RESSENTEZ... la... DETENTE... pendant que je vous parle.

... DETENDEZ... tous les groupes de muscles du visage;

... DETENDEZ... le cuir chevelu;

... DETENDEZ... le front;

... DETENDEZ... les sourcils;

... DETENDEZ... les paupières;

... DETENDEZ... les joues;

... DETENDEZ... le nez;

... DETENDEZ... la bouche;

... RELACHEZ... la mâchoire, ... RELACHEZ COMPLETEMENT...

... DETENDEZ-VOUS...

... DETENDEZ... le menton;

... DETENDEZ... le cou, jusqu'aux épaules;

... RELACHEZ... ces épaules;

... RESSENTEZ... ces épaules se... DETENDRE... complètement.

Et à chaque… INSPIRATION…, vous vous… LIBEREZ… davantage de toute tension.

Et vous vous… SENTEZ BIEN…, de plus en plus… DETENDU…

… DETENDEZ… les bras;

Le haut des bras;

… DETENDEZ… les coudes;

… DETENDEZ… les avant-bras;

… DETENDEZ… les poignets;

… DETENDEZ… les mains;

… DETENDEZ… les doigts;

Les mains se… DETENDENT… et se… RELACHENT… totalement.

Alors que vous… RESSENTEZ… les mains, peut-être que vous pouvez imaginer qu'elles deviennent… TRES LOURDES…, … LOURDES…, … RELACHEES… et … MOLLES…, … LOURDES…, … MOLLES…, comme un tas de linge mouillé.

Peut-être que vous pouvez… RESPIREZ CONFORTABLEMENT…

Et remarquez ou… RESSENTEZ… comme la respiration est devenue beaucoup plus… PROFONDE… et plus régulière.

… RESSENTEZ… la respiration;

... DETENDEZ... les muscles de la poitrine, jusqu'à l'estomac.

... DETENDEZ COMPLETEMENT... cette zone du... CORPS...

Alors peut-être que vous pouvez... DETENDRE... les muscles du dos;

... DETENDRE... ces grands groupes de muscles dans la partie supérieure du dos;

... DETENDEZ-VOUS...

Peut-être que cette... DETENTE... peut... DESCENDRE... le long de la colonne vertébrale jusqu'au bas du dos.

... RELACHEZ TOUT... Tout simplement;

... RELACHEZ TOUT...

Et peut-être que vous pouvez permettre à ces muscles, au bas du dos, de se... DETENDRE COMPLETEMENT... pendant que vous pouvez... APPROFONDIR... cet état et vous... LAISSEZ-ALLER... dans un état de... DETENTE... très... PROFOND...

... DETENDEZ-VOUS...

Vous vous... SENTEZ BIEN... Vous vous... SENTEZ SI BIEN...

... DETENDEZ... les hanches;

... DETENDEZ... les jambes;

... DETENDEZ... les cuisses;

… DETENDEZ… les genoux;

… DETENDEZ… les chevilles;

… DETENDEZ… les talons;

… DETENDEZ… les pieds;

… DETENDEZ… les orteils.

Peut-être que vous pouvez permettre à ces groupes de muscles de se… DETENDRE COMPLETEMENT… pendant que cet état s'… APPROFONDIS… et que cette… DETENTE… devient encore plus… PROFONDE…

Peut-être que vous pouvez vous permettre à vous-même de… TOUT RELACHEZ… de… TOUT RELACHEZ…

Beaucoup de personnes, assises dans cette position,… RESSENS…(-ent) certaines… SENSATIONS… dans leur corps. Certaines… RESSENS…(-ent) un… ENGOURDISSEMENT… dans les bras ou dans les jambes; certaines… RESSENS…(-ent) de la… LOURD…(-eur), de la… LOURD…(-eur); et certaines… RESSENS…(ent) les deux, un… ENGOURDISSEMENT… et de la… LOURD…(-eur). Savez-vous si vous… RESSENTEZ… l'un ou l'autre, ou peut-être… LES DEUX… ? L'… ENGOURDISSEMENT… et la… LOURD…(-eur) ?

Certaines personnes ont la… SENSATION… de s'… ENFONCEZ… dans leur fauteuil, c'est un… BON… signe d'… APPROFONDISSEMENT… de cet état de… DETENTE…

Dans un moment, je vais compter de 1 à 10. Avec chaque décompte, vous pouvez vous permettre d'…ENTREZ… plus… PROFONDEMENT… sous Hypnose, et à votre propre rythme. Quand je prononcerai le chiffre 10, vous serez en… HYPNOSE… très… PROFONDE…

Avant de faire cela, imaginez et… RESSENTEZ… simplement un nuage qui vous entoure, un nuage fait sur mesure, en forme de siège. C'est un nuage… CONFORTABLE… C'est votre nuage. Remarquez et… RESSENTEZ… comme il entoure le corps.

Peut-être que vous pouvez imaginer qu'il vous emporte dans un endroit vraiment magnifique et où… VOUS ETES BIEN… C'est un endroit où vous vous… SENTEZ BIEN… Un endroit qui vous plait et où vous avez l'air bien. Alors que vous entendez ma voix, ce nuage vous entoure et vous emmène dans cet endroit spécial, plaisant, calme et agréable.

Je vais me taire un moment pour vous permettre de… PROFITEZ… de cet endroit. Lorsque vous réentendrez ma voix, vous irez plus… PROFONDEMENT… dans l'état hypnotique.

[Pause]

1. De plus en plus… PROFONDEMENT…
2. Encore plus… PROFONDEMENT…
3. … RELACHEMENT… total; … RELACHEZ… tout.
4. Plus bas. Encore plus bas.
5. Peut-être que vous avez la… SENSATION… de… DESCENDRE… un escalier.
6. De… DESCENDS…(-dre) encore, encore, davantage.
7. … PROFONDEMENT…

8. ... SOMMEIL... Tout... PROFONDEMENT... Encore... DORMIR-SOMMEIL...
9. ... DORMIR SOMMEIL... Au bord du... SOMMEIL...
10. ... PROFONDEMENT...

Votre esprit est... TRES DETENDU... et... OUVERT... pour... RECEVOIR... les... SUGGESTIONS... que je vais lui donner. Tout ce que je vais dire va immanquablement se réaliser; je répète: tout ce que je vais dire va immanquablement se réaliser.

Alors que je vais me taire un moment, la partie Inconsciente de votre esprit va dans un instant utiliser cette main pour écrire des choses importantes pour vous.

... TRES DETENDU... Permettez à tout ce qui doit se faire, de se faire, naturellement et simplement.

Et alors que ces doigts tiennent ce stylo; peut-être que cette main peut... COMMENCEZ A ECRIRE... Ou peut-être pas... TOUT DE SUITE... Laissez les choses se faire, naturellement et simplement.

Vous êtes en toute sécurité et vous pouvez... LAISSEZ FAIRE...

Et vous... LAISSEZ-FAIRE... cette partie de vous, naturellement et simplement.

[Pause]

... DETENDEZ-VOUS...

Et à chaque fois vous écouterez cette séance, cette partie de votre esprit écrira de plus en plus facilement, de plus en plus lisiblement.

Et plus vous entrerez dans cet état, et plus cette partie de vous écrira facilement et lisiblement.

Je vais compter jusqu'à 5, et au chiffre 5, vous pourrez faire ce que je vous suggèrerai de faire, et à votre propre rythme.

1. Inspirez profondément. Soufflez.

2. Sentez votre corps. Peut-être que vous pouvez bouger vos doigts, vos orteils.

3. Inspirez profondément. Soufflez. Apprêtez-vous à revenir ici et maintenant.

4. Sentez le contact entre vos fesses et le fauteuil, alors que vos paupières sont de plus en plus légères et que vous êtes parfaitement calme et détendu. Apprêtez-vous à revenir ici et maintenant.

5. A partir de maintenant, vous pouvez ouvrir vos yeux. Revenez ici et maintenant !

Bonjour !

Concentration et mémorisation

Cette séance d'Hypnose va vous permettre d'être plus concentré et plus absorbé dans votre travail ou dans vos études, d'intégrer et de mémoriser plus facilement vos apprentissages, grâce aux suggestions Post-Hypnotiques qui vous seront proposées. Vous allez également vous positionner dans un état de calme, de concentration, propice à la mémorisation et à l'accès à vos ressources et à vos connaissances, que vous pourrez retrouver à volonté au moment opportun grâce à une technique d'Ancrage P.N.L.

Je vous propose que nous commencions cette séance.

Vous pouvez prendre tout le temps nécessaire pour… TROUVEZ… une position de… DETENTE AGREABLE…

Durant cette séance et à tout moment, si l'un de mes propos ne vous convient pas, vous pouvez le laisser de côté et seulement porter votre attention sur ce qui vous plait et qui est agréable pour vous, car le plus important est que vous… SOYEZ BIEN…

Peut-être que vous pouvez alors… RESPIREZ PROFONDEMENT…, … CALMEMENT…

… RESSENTEZ… le ventre se soulever à chaque… INSPIRATION…

Soufflez… CALMEMENT…, … AMPLEMENT…

Inspirez, soufflez…

Peut-être que vous pouvez… FERMEZ LES YEUX… en signe de rupture avec le monde extérieur.

Très bien.

Alors que les… PAUPIERES… sont… BIEN FERMEZ…, peut-être que vous pouvez… CONTINUEZ… les… RESPIRATIONS…

… LENTEMENT…

… PROFONDEMENT…

Peut-être que vous pouvez… IMAGINEZ… qu'avec chaque inspiration, vous… ASPIREZ… une provision d'… ENERGIE…

… CALMEMENT…

… PROFONDEMENT…

Peut-être même qu'à chaque fois que vous… SOUFFLEZ…, vous pouvez… IMAGINEZ… que vous vous… LIBEREZ… de toutes les tensions… INTERIEURES…

Vous… SOUFFLEZ… et vous… VIDEZ… les poumons de cet air, alors vous vous… LIBEREZ… de plus en plus des tensions.

Puis vous… INSPIREZ…, … LENTEMENT…, … PROFONDEMENT…

Patientez quelques secondes, et… SOUFFLEZ…, … EXPULSEZ… toutes les tensions.

... DETENDEZ-VOUS...

Continuez à votre propre rythme.

Plus vous... INSPIREZ...

... PROFONDEMENT...

... CALMEMENT...

Et plus vous... ASPIREZ... toute cette... ENERGIE...

... SOUFFLEZ...

... LENTEMENT...

... PROGRESSIVEMENT...

Pour vous... LIBEREZ DAVANTAGE... des tensions.

La... RESPIRATION... est de plus en... PLUS LENTE..., ... CALME...

Et peut-être même que vous vous... SENTEZ... de plus en... PLUS CALME...

... DETENDEZ-VOUS...

Le... CORPS... tout entier peut se... DETENDRE...

Et même si vous entendez peut-être encore les sons extérieurs, ils ne peuvent qu'... APPROFONDIR... cette... DETENTE...

Vous pouvez vous... SENTIR... encore... PLUS CALME..., encore... PLUS DE-TEN-DU...

... DETENDEZ-VOUS...

Le cœur bat... LENTEMENT..., ... CALMEMENT...

Et peut-être que chaque... INSPIRATION... et que chaque... RELACHEMENT... vous apporte encore plus de... DETENTE...

... DETENTE...

... DETENTE PROFONDE...

Peut-être que vous pouvez... IMAGINEZ... un... SABLIER...

Un sablier.

Et peut-être que vous pouvez... IMAGINEZ... les grains de sable qui s'... ECOULE...(-nt)

Continuez à... IMAGINEZ... ce... SABLIER...

Si vous devez... VOUS ENDORMIR..., ne vous... ENDORMEZ....-pas avant que les grains de sable ne soient tous tombés.

... DETENDEZ-VOUS...

Plus les grains de sable s'... ECOULE... (-nt), et plus cet... ETAT... s'... APPROFONDIS...

Et plus cet... ETAT... s'... APPROFONDIS..., et plus vous... CONTINUE...(-z) à... APPRODONDIS...(-r) cet... ETAT... de... DETENTE...

... DETENDEZ-VOUS...

Et plus la partie supérieure du sablier se vide, et plus vous ne pouvez plus ne pas... APPROFONDIR... cet...

ETAT..., ... APPROFONDIR TOUT DE SUITE... cet... ETAT...

... PROFONDEMENT...

Et plus la partie inférieure du sablier se... REMPLIS..., ... COMPLETEMENT..., et plus cet... ETAT... devient... PROFOND..., ... PROFOND...

... ENCORE...

... DAVANTAGE...

Les grains de sable sont tous tombés.

Je répète: Les grains de sable sont tous tombés.

C'est le... GRAND CALME...

Ce... GRAND CALME... s'... INSTALLE... en vous... DE-FI-NI-TI-VE-MENT...

... TO-TA-LE-MENT...

... COM-PLE-TE-MENT...

Ce... GRAND CALME... s'... INSTALLE... au plus... PROFOND... de... VOUS-MEME...

Et vous allez... RETROUVEZ... ce... GRAND CALME... dans toutes vos activités quotidiennes, tous les jours, toutes les heures, à chaque instant, quelque soient le lieu et le contexte.

Le... CORPS... et l'... ESPRIT... sont... IM-PRE-GNES... de... SERENITE... et tout ce que je vais dire va s'... INTEGREZ..., s'... ENREGISTREZ..., se... GRAVEZ... dans votre Inconscient, ...

PROFONDEMENT... au plus... PROFOND... de votre être.

A partir de maintenant, vous... POSSEDEZ... et vous... POSSEDEREZ... une faculté de... CONCENTRATION OPTIMALE...

A partir de maintenant, vous... POUVEZ... et vous... POURREZ... vous... CONCENTREZ... et vous... ABSORBEZ TOTALEMENT... dans... VOTRE TRAVAIL... ou dans... VOS ETUDES...

Je vais me taire un moment et j'aimerais que vous preniez le temps de vous... IMAGINEZ..., en... DETAILS..., en train de... VOUS CONCENTREZ... désormais. Faites comme si vous y étiez. Allez-y.

Pause.

A partir de maintenant, vous... POSSEDEZ... et vous... POSSEDEREZ... une faculté de... CONCENTRATION OPTIMALE...

A partir de maintenant, vous... POUVEZ... et vous... POURREZ... vous... CONCENTREZ... et vous... ABSORBEZ TOTALEMENT... dans... VOTRE TRAVAIL... ou dans... VOS ETUDES...

... DETENDEZ-VOUS...

A partir de maintenant, vous... INTEGREZ... et vous... RETENEZ..., ... FACILEMENT..., tout ce que... VOUS APPRENEZ... Vous... RETROUVEZ FACILEMENT... ce que... VOUS APPRENEZ...

Vous prenez... PLAISIR... à... APPRENDRE..., ... PLAISIR... à... APPRENDRE...

Je vais vous demander de... POSEZ... la main droite au creux de l'estomac.

... RESSENTEZ... le contact entre la main droite et l'estomac. Je vais compter jusqu'à 3 et j'aimerais que vous comptiez avec moi. Au chiffre 3, inspirez profondément. Je compte: 1, 2, 3. Inspirez... PROFONDEMENT... et... RESSENTEZ BIEN... cette... SERENITE..., ce... GRAND CALME..., alors que toutes vos facultés de... CONCENTRATION..., de... MEMORISATION..., ainsi que tous vos... APPRENTISSAGES... vous sont et vous seront... FACILEMENT ACCESSIBLES..., ... TO-TA-LE-MENT ACCESSIBLES...

Et à chaque fois que vous compterez jusqu'à 3 et que vous prononcerez ce chiffre en posant la main droite sur l'estomac et en inspirant... PROFONDEMENT..., vous... RETROUVE...(-rez)... INS-TAN-TA-NEMENT... cette... SERENITE..., ce... GRAND CALME..., et toutes vos facultés de... CONCENTRATION..., de... MEMORISATION..., ainsi que tous vos... APPRENTISSAGES... seront ... ACCESSIBLES..., ... FA-CI-LE-MENT... et... TO-TA-LE-MENT ACCESSIBLES...

Vous pourrez utiliser cette technique avant et/ou pendant que... VOUS APPRENEZ...

Vous pourrez également utiliser cette technique avant et/ou pendant un examen pour... RETROUVEZ INSTANTANEMENT... toutes... VOS CAPACITES... et... VOTRE SAVOIR...

... DETENDEZ-VOUS...

Nous allons à présent prendre le chemin du retour, à votre propre rythme. Pour cela, je vais compter jusqu'à 5.

1. Inspirez... PROFONDEMENT... Soufflez.

2. ... RESSENTEZ... votre... CORPS... Peut-être que vous pouvez... BOUGEZ... vos doigts, vos orteils.

3. Inspirez... PROFONDEMENT..., ... SOUFFLEZ... Apprêtez-vous à... REVENIR... ici et maintenant.

4. ... SENTEZ... le contact entre votre... CORPS... et son support, le lit ou le fauteuil, vous êtes parfaitement... CALME... et... DETENDU..., prêt à... APPRENDRE... et à... RETENIR..., prêt à... VOUS ABSORBEZ... dans votre... TRAVAIL... et à... MEMORISEZ... vos... APPRENTISSAGES. Apprêtez-vous à... REVENIR... ici et maintenant.

5. A partir de maintenant, vous pouvez... OUVRIR VOS YEUX..., ... REVENEZ... ici et maintenant !

Bonjour !

A DECOUVRIR...

(DU MEME AUTEUR)

Auto-Hypnose : Mode d'emploi

L'être humain est-il fait pour vivre les tensions que la société moderne, occidentale, lui inflige ?

L'Auto-Hypnose, la pratique de l'Hypnose sur - et par - soi-même, s'affiche et s'affirme aujourd'hui comme une méthode efficace pour lutter contre le stress, et plus globalement pour améliorer son état émotionnel et psychique.

Ce livre vous apprendra ce que sont réellement l'Hypnose et l'Auto-Hypnose, et comment vous pouvez dès maintenant les mettre en pratique, simplement, rapidement, et en toute autonomie, pour évoluer dans votre vie.

Formations et stages en Hypnose

L'*Ecole Française d'Hypnose* organise des formations et des stages en Hypnose Ericksonienne, Hypnose Classique et Auto-Hypnose.

**Découvrez nos formations et stages,
les dates et tarifs sur www.formation-hypnose.fr**